# Spraymaalilinnut

Jukka Piitulainen

# Spraymaalilinnut

Taitto ja kannen suunnittelu: Pia Laulainen
Kansikuva ja lukujen alkukuvat: Jukka
Piitulainen
Kirjailijakuva: Linda Thapa

Kustantaja: BoD – Books on Demand,
Helsinki, Suomi
Valmistaja: BoD – Books on Demand,
Norderstedt, Saksa
ISBN: 978-952-80-6733-7

*Kiitos Linda, Mervi, Miina ja Ville runoja
koskevista kommenteista! Avullanne
ymmärsin viilata nämä runot astetta
paremmiksi. Olen kiitollinen teille.
Kirjan ulkoinen olemus ei olisi tällainen
ilman Pian taittotyötä. Suuret kiitokset Pia.
Kirjan kuvien, värien käytön ja oikoluvun
pohdinnoista suuri kiitos Lindalle.
Kiitos Lapinlahden Lähde ja kaikki
Lapinlahden sairaalan avuliaat ihmiset
julkaisutilaisuuteen liittyvästä avusta. Kiitos
kirjajulkkareissa esiintyneille.*

*Kiitos koko laajennetulle perhekunnalleni,
kanssanne on hyvä olla.*

*Kiitos Lindalle rakkaudesta, kanssasi on hyvä
elää.*

*Kiitos, että sain elää tämän päivän.*

Luku 1:
Pääskysen
mukaan

# Lintuaiheinen fantasia

Rapsahdus.

Jokin liikahdus,
vilahdus
silmäkulmassa.

Räpsähdellen
liikkuva siipi ripsahtelee esiin
ojentautuu untuviansa sukien

Kiivain huudoin lähtee lentoon
liitää ympyrää räpsii kiitokehoaan
kutsuu mukaan kujille, lentosukelluksiin
täysiä kiitämään, iloa kirkumaan
untuvia, sulkia, minulla on pari siipiä!
Liidämme kahvilapöytien lattevaahdossa
jalkojamme kostuttaen
kolmannen kerroksen kylpyhuoneen kosteus
nokan juuressa
neidon vaniljaparfyymiä sulkavälissä
meille kirkaistaan, väistelemme luutaa

Puuuh!
Seuraan katsella kaupungin kattotiilien
reunan alta:
pienet ihmiset ovat
menossa jonnekin ja takaisin

# Valonsäteen mukana

Valonsäde tarjoaa kyydin
seinän raosta sisään

Pöly pyörähtelee hiukkasina
kartanon narahtelevilla askelmilla

Täällä korkealla tanssittiin
ennen kuin kaikki peittyi kuolleisiin
nokkosperhosiin
nyt sali tarttuu kaukaa matkanneisiin
valonpilkahduksiin
valtavan kristallikruunun alla rakastavaiset
kietoutuivat tangon tuleen, pomppivat
quickstepin kikatuksiin
nauru kimposi holvikaariin, kaikui kun
peiliovet aukaistiin

Valo laskee laahuksensa
kuljettaen rauhaansa seinäornamentteja
pitkin
supistuu pisteeksi, imee mukaansa
lennähtää kaukaisuuksiin

# Muistutus itselle:
# keikuta kevyttä pyrstöä

Mummolan pihamaan halki kulkevalla
sähkölinjalla pääskyt
keikuttivat pyrstöään
soittaen sävelmää taikamaan
hiukan heinän tuoksua, hiukan
mansikkasotaa
pyörällä veteen tuhatta ja sataa

Kuinka keventävää olisikaan ollut muistaa
tuo helppous tanssiessani ensikoreografiaa

Arjessani
mäkihyppääjän puserrettu ponnistus haki
vapauden keveyttä väkisin rinnan alle
tahtoi repien saavuttaa

Toivoin
oispa pääskystä enemmän kuin naakkaa
en kuullut sävelmää heinän ja mansikan
huomannut keikuttaa kevyttä pääskysen
pyrstöä

# Lentoon lähtö

Metsiköstä
venäläisten kiveen kaivertamien merkkien
keskeltä
kiskaistiin murikka maasta
heitettiin pelkällä voimalla
karjaisten kohti etelää

Ilmojen halki lentäessään alkoi kuoriutua
ei kuulunut enää mihinkään
murunen muutti muotonsa
silkkisulka kerrallaan
sukelsi parveen intoa kiljuen
lensi kerrostalojen väliin kaikua kokeilemaan

Pian rajamuurilla tepasteli, sai kynsiin kiveä
tunsi tarralenkkareiden ilmestyneen
pian juoksi kenkiä puhki
kesän tullen palasi linnun olemus
lehahti ihminen ilmojen teille

# Siipirannikko

Tunnustelen siiven reunan vuonoja ja niemiä
etsin jotain karheaa
otepintaa
pääsyä syvälle suljettujen silmien taa

Puhun yksikseni sinulle:
et ole vielä tanssinut keittiössäni sulat alasti
auki
lähetät siiveniskuja uniini
täällä lentää neitoperhosia, kolibreja tanssii
leijuu tuoksukuvia, en vaan saa otetta
ennen kuin olet perhostesi kanssa luuta ja
nahkaa
saamme yhdessä siipiä Norjan rannikkoon
sovittaa

# Avain ilmaan

Betonisella laitumella
kerrostalon katolla
sinä katsot minua

Alla 20 metriä pudotusta
linnunpoikaset reunalla
suloisen haavoittuvia

Heitämme avaimen ilmaan
lähdemme yhdessä sen suuntaan
tiedämme ovien avautuvan
loisteputkien edestämme putoavan
sirpaleiksi
timanteiksi lattialle kimaltamaan


Lennämme
auringonlaskuun Ormuskalliolle
hehkun puolelle
silmät sulkiessa
turkoosia, tummaa pinkkiä

# Tornsvala

Liitäjät saapuvat frakeissaan luokseni
kerrostalon sisäpihalle
huimia aukkoja ilmaan
höyhenet talon seinää hipoen
sukeltavat paikkoihin, joihin ei pitäisi olla
pääsyä

Lintusen rinnalla aukean
tajuan liitäjärakkauden
muutun tumman veden kuikasta pääskyseksi
kirskun muureja rikki, viillän siivillä
muovipinnan pois elämän edestä
huudan: tornsvala, tornsvala, liidä, liidä!

Luku 2:
Spraymaalia
ilmassa

# Spraypääsky

Ilmassa kiemuroita
pääskynen maalikannun ohjaimissa
väri laskeutuu tiheänä hiukkassumuna
tiukemmalla otteella maalataan raidallinen
keilaaja heittämään pallonsa auringoksi
linnut koskettavat väriainetta siivillään,
maalaavat auringonlaskua
pääskynen sukeltaa maalaamiinsa väleihin
viistää siivellään kerrostalosta toiseen
jatkuvan muraalin
katonharjalle ruusunkukkia
hunajasuon laitaan silkkisen päivänvarjon

# Aurinkopölyn kyydissä

Kaupungin kilpavoimistelija viuhtoo
porttikettinkiä, yksityisaluemerkkiä
varpuset lentävät ohi
sisääntuloväylän pylväällä yllä
serpentiiniköynnöstä yli laitojen
auringonsäde piirtää reitin kiivetä ikkunasta
sisään
keittiön pöydän ääreen riikinkukko-
ornamentin luo

Lattiassa kukkia
vihreää ruohoa ihmisen rakentaman läpi
kameran räpsähdykset
kaikuvat spraymaalatuista seinistä
jalanjälkemme hymyilevät
lattialle kaatuneen oven pölypinnassa
villiviini matkaa sisälle
aukinaisesta parvekkeen ovesta

Olen pysähtynyt nojatuoliin auringon kajo
polvellani
katsomaan sinua hetkeä ennen kuin tulet
luokseni

# Tulethan kellumaan

Salaisessa paikassani
vesi kantaa painoni
näen raukeiden pisaroiden räiskettä ikkunaa
vasten
aloitan laulun tietämättä säveltä, sanoja

Tarvitsen laiskoja päiviä laiturilla
eläimiä metsistä luokseni saapuvia
peuran kuuntelutaajuutta: mitä ihmisestä
kuuluu
kun hän malttaa olla hiljaa
tulethan kellumaan kanssani

# Ahman liikkeen aalloilla

Pysähdymme
pehmeään vihreään

aallot
keinuvat
sateenkaaria

Selästäsi kasvavat siivet, kuvamme
heijastuksena järven pinnasta
Joutsenet lyövät vettä siivillään, heinäsirkat
hyppivät väliä veden ja taivaan
Ahman liikkeen aalloilla
imeydymme vesipisaraan

Vaaleansinistä vasten, nostattavassa
lämmössä
kiidämme haarapääskyjen korkeudelle

# Sekunnin laskostus

Hymyn häivähdys leijuttaa höyheniä

Katse vihjaa, sekunnit laskostaa

Kylpytakki lattialla
jalkasi irti maasta
paitani ilmassa, kätesi lämpö ilmojen halki
vesiputouksen pitsireunus yllä
kimaltava pintajännite kutsuu

# Yöpaita

Sanot yöpaitasi kietoutuneen
eikä se peitä mitään, mitä sen tulisi peittää

Nostan peittoa
katson
tarkkaan
mitä sen pitäisi peittää

# Korkeuksiin

Suuttimen läpi kulkenut ilma sumuaa
taipaleen
maailma tulee esiin metriä ennen
kohtaamista
en voi tietää mitä edessä odottaa

Pyöreälinjainen kaide ilmestyy, muuttuu
viivaksi kohti tikkaiden yläpäätä
katson sinua ja siipeni tuntuvat kantavilta
kiipeän nosturin ohjaamoon
sinä olet kanssani, enkä pelkääkään korkeita
paikkoja
ympärillä valot vilkkuvat
alhaalla varjot seisovat paikallaan
kiitäjä näkee alhaalla suuren kuovinosturin
silmien vilkkuvan
sen painaessa nokkaansa pumpuliin

Luku 3:
Sulkakynä

# Piirtäjän laudalla

Suuri lyijykynä piirtää kaiken hetki ennen
saapumistani
viivat ja kaaret määrittävät ympäristöni
tie ilmestyy jalkani alle, kahvikuppi käteeni
mustan kissan loikka etenee
animaatiokuvana ohi edestäni
tuo tuottaa epäonnea vilahtaa mielessäni
odottaako nurkan takana valkoinen ruutu?

Mustavalkoisiin pukeutuneet siirtelevät
suuria sakkinappuloita ympärilläni
nautittavan rytmikkäästi
olen piirtäjän laudalla
toivottavasti minulle hahmotellaan pian
kaide, johon voin tukeutua

Sivellin koskettaa takinliepeeseen
kangas imee, kuljettaa väriä minua pitkin

# Nokkapysäytys

Pakottava tunne ajaa
minut kokoamaan uusiksi
palapeliäni, levittämään sinne tänne
sormet värjääntyvät pyöritellessäni
noppakiviäni
nurkan takana pysähdyn katsomaan terävää
nokkaa

Eino-myrsky on lennättänyt jättiläisnokan
Senaatintorille
terä on uurtanut torin halki railon
valkoiset sulat jatkuvat kirkon portaiden yli
liukumäkenä
kiiltävä nokka heijastaa todellisuuteni

Kuningaskalastajat nostavat hidastettuna
jättikiitäjän ilmaan
minut on heitetty katsomaan uudessa
valossa

# Siiven liike

Silmä havahtuu liikkeeseen
pää kääntyy
tietoisuus ei vielä tiedä
jokin siinä lensi
lapset läpsäyttävät käsiään
toistensa silmien edessä
silmäluomet räpsähtävät kiinni
vastustelusta huolimatta
jokin ne sulki

Karusellissä väripalkit kulkevat
näkökentässäni
sinun silhuettisi kulkee ohi, pyörähdys
muuttuu valojuovaksi
en näe siiven liikettä, huomaan sen olevan
jo täällä
harvoin siipi päästää revontulet sulkiensa
välistä tanssimaan
vielä harvemmin oranssin nokkansa paljastaa

# Kiusaus

Tekee mieli kaataa vettä
ihmisten niskaan korkeuksista
Kiusaus ujuttautua kaiteen yli käy
sietämättömäksi

Näen kaatavani juomapullostani pisaran alas
muljumaan halki ilman
lähestymään sinun päätäsi
pisarasta heijastuu lukemattomia sattumia
kirjastosalissa istuvia viattomia
käteni kurkottaa, mutta tehtyä ei takaisin saa
kyynärvarteni pituus ei riitä
putoan pisaran perään

Painovoima paljastaa vatsani arvet, jalkani
viuhtovat ilmaan
olen pysäytyskuvassa
pisara metrin päässä alapuolellani ilmavirta
vaatteissani
kurkottamassa aikaa ennen kiusaukselle
periksi antamista
halukkaana kumittamaan häpeän pois

Takaisinkelaus on nopea sätkähdys
kaiteen yli takaisin todellisuuteen
pisarana pulloon
kurkkaan alas
minua vilkuillaan oudosti, osa pärskyttää
vettä hiuksistaan

# Pyörre

Lähiössäni
moraali pomppii pyörien
jäisellä torilla kaatumista estääkseen
toisessa jalassa mono, toisessa puolikas
sukka,
houkuttelee ihmisiä naimisiin ja pummaa
röökiä
voikukat lumihangella hankaavat
todellisuutta
pizzastanachoksi sushistabaouksi

Jaloissani sillan ja kaiteen
nurkkakulmauksessa
pyörteen poikanen kiertelee pitkin seiniä
kotikulman trombissa tupakka-aski, oikea ja
väärä, nenäliina
lapsi kurkottaa yltääkseen pitämään isän
kädestä kiinni,
nukke olkapäillään laulaa haa hepo
hirnahtaa
naisen kastanjahiukset pyörähtävät tuulessa
tuovat syvyyttä lohkeilleeseen tiiliseinään
ja hanhet lentävät kaakattaen kaiken yli

# Kukkasade

Verhot oviaukossa
laskostuvat taite kerrallaan
ainut kangas päälläni
posken silitys
älä herääkään, mee lempeisiin uniin
nyt kiivas ryntäys härkätaisteluun
muratti tarjoaa köynnöksen
parvekkeelta alas
värit ilon suihkuttamiseksi ilmaan

Nyt
kolistelen tuulen kanssa postiluukkuja
kuuntelen sävelkorkeuksia
aistin askeleita ilmassa
veturikuskin säikähdyksen syke hätäpillissä
alastoman tanssiessa
kukkasateessa haarapääskyjen kanssa
neljä metriä ilmassa

# Ilmapusuja

Pyöräni pyörivät vapaasti tullessani
risteykseen
en paina jarrua, vaikka tiedän kääntyväni
jyrkästi
vapaa liike jatkuu
puhkeavien lehtien tuoksu tarttuu hiuksiini

Tunnelissa moottoritien alla
seinillä tanssivat porkkanat
spraymaalihaamujen suudelmat
hyppäävät tarakalleni lähettäen ilmapusuja

Kevätuimari astelee vakain askelin veden
syliä kohti
kirjoitan polkimillani runosuudelmia
rullaan, vältän taistelun lähtökitkaa vastaan
oikealla kaislojen kukintosilkkiä silmän
kantamattomiin
silittävät poskiani
viipyilevät
viimeiseen asti hellinä

# Pudonnut kynä

Nimet, kirjaimet
pudonneet, kadonneet
kahlaan rippeissä ilman suuntamerkkejä
tulen asemalle, jonka nimeä ei ole missään
kaikki kyltit tyhjiä asemalla sinisiä
maantien varrella valkoisia

Kourassa numerottomia seteleitä
mainoksissa pelkkiä kuvia ilman lauseita
ääneti
instrumentaalimusiikkia
mustekynät arvossaan, takavarikoitu turhan
kirjoittelun välttämiseksi
naisen mekkoon painautunut kuvio, joka
alkaa näyttää kirjoitukselta
älkää mis tap kosk lakatko kirj
tehkö isienne vir

Minulla on taskussani muistikirja
lyijykynäni liikkuu
tanssin nimeämiäni katuja ajatusviittoja
pitkin
eikä kukaan ymmärrä, vielä
satojen vuosien jälkeen merkit olemassa
kerroksia kerrosten päälle
ei hätää löydätte kyllä perille
jätän selvät ohjeet

Luku 4:
Siivet
paukuttavat

# Kohta

Tauko.

Tämä jatkuu kohta.

Suihkaus
pisarat muodostavat ilmaan desinfioivan
lieriön
mikrofonit saavat liinan ja pyöräyttävän
käden päällensä
vesi blub blublutetaan kannuun
vaihdan jalan toisen polven yli, vaihdan jalan
toisen polven yli, vaihdan toisen yli
odotan yleisössä, paino asettuu oikean
pakaran päälle

*Teknisten vaikeuksien vuoksi suunniteltu
ohjelmanumero siirtyy tuonnemmaksi.
Pahoittelemme teille aiheutunutta haittaa.*

Seuraan
tyhjän lintulaudan orpojen mikrofoniständien
heiluntaa tuulessa
rintakehäni kohoilua, vatsan pyörähdyksiä
olisiko aika päästää ilmavirtaus
värisyttämään äänihuulia, ulos hampaiden
muodostaman portin välistä ja kommentoida
tilannetta vierustoverille?
Sanoilla ei ole kanssani hyväksyttyä
sopimusta

Jään odottamaan tulevaa
hömötiaisen palaamista lintulaudalle

# Varjossa viha tulee

Kuusipuut peittävät taivaan
painavat varjon tielleni
lentoposti ei pääse ilmaan
työntäessäni kauniita sanoja kottikärryillä
kirjeeni palaavat portailleni
leimalla vastaanottajaa ei ole sinulle
olemassa
lasiseinään törmänneet posteljoonit
palaavat luokseni päätään pyöritellen
*Et kai kuvitellut, että kaikki jatkuu kuten*
*ennenkin*

Hiljaisuuden muurinne peittää näkyvyyden

Sammaloituneet katot painavat alaspäin
olen unohtanut, mitä me yleensä sanotaan,
miten teitä rakastetaan
olen punaisen aitaama
kaikki talonne eläimet ällöttävät minua
annatte ymmärtää
minun olevan laumaan sopimaton

# Etanatalo

Lattialle retkahtaneessa muistikirjassa sanat
juuri kun ihmisen pitäisi alkaa toimia
lakkaa hän toimimasta
sisälle nostettu postilaatikko täynnä postia
päällimmäisen paperin reunassa viesti:
*Pahoittelemme aiheuttamaamme haittaa*

Kossupullo puristuksissa
pian romahtavan sisäkaton ja kirjahyllyn
yläreunan välissä

Pihalla katkenneen auton takana
valtavat etanat
venyttävät itseään talo selässään
talon väki kasvaa heinää, hometta
maitopurkissa

# Kattilan kansia paukutetaan

Merimetsot istuvat saaressa kaiken päällä
aivan kuin ihmiskunta
jättäen ulostevanan, kuoleman, jälkeensä
Tilanteen näkevät kiertävät veneellä saarta
paukutellen kattilan kansia
herättääkseen ihmiset huomaamaan
tilanteen
Kannen alla joutomaalla, me pidetään
sadetta

# Juurtunut höyhen

Olen turkoosi höyhen
juurtunut kiinni katuun
tuuli tupeeraa suortuvani ilmaan
heiluttaa herkkyyttäni
keveydelle kirjoitetaan metaforaa
maassa näkymättömissä osa minua
juuria, syviä syitä

Ilmaääripäät säilyvät silkkisen pehmeinä
kasvattaessani kerroksia maan alla
luovun, lennän linnusta erillään
kaikki on oikealla paikallaan, on oikealla
paikallaan
on paikallaan

# Köyden kukinta

Minut sidotaan
kaikki iho peittyy ranteesta olkataipeeseen
köysi kiertyy kukaksi, läheltä näkee se olevan
maailmanpyörä
en ole kesy joutsen, en reagoi
tyhjän käden heittoliikkeeseen
ei ole tulossa pullaa
köysi kunnioittaa ja minä kunnioitan köyttä

Rintaani otetaan kiinni kukkasin, vatsaani
köynnöksin
tahdon syvemmälle köyteen
ihoa polttaa, ottaa kiinni lempeästi, ottaa
kiinni tiukasti
laulan maalausta ympärilleni
raukean, tipun koskettamatta maata

# Paperinvalkoinen aika

Kävelysillalta moottoritien päällä
näkyy yksi punainen auto nuppineulan
päänä
muutoin tyhjällä ilmoitustaululla
pölykapseli on suudellut lokasuojaa toista
viikkoa tien varressa

Etäisyys lähestyy hanskat kädessä
aivastaa altistuksen jääkaappiin
ohittaa vastakkaista kaidetta hipoen
sillalla tomussa laahattujen jalkojen vana

Pilvet hankaavat toisiaan
eivätkä päässe yhteisymmärrykseen
suunnasta,
lintujen laulu kuuluu yllättäen kirkkaasti,
silmiesi eteen feidaantuu hitaasti
paperinvalkoista silmänkantamattomiin

# Sisällysluettelo

# Jukka Piitulainen eli Nosto

on helsinkiläinen runoilija, joka on
aiemmin julkaissut kaksi
runokokoelmaa
Kunnes en kuule kohinaa (2014)
ja Kerrostalo kasvaa (2019).